GÉRARD MORDILLAT
JÉRÔME PRIEUR

Corpus Christi

Pâque

arte
Éditions

ÉDITIONS MILLE ET UNE NUITS

MORDILLAT/PRIEUR

Texte intégral

INÉDIT

Ce livre est tiré de la série télévisée *Corpus Christi*
coproduite par Archipel 33 et La Sept/Arte.

ISBN : 2-84205-135-1
Achevé d'imprimer en mars 1997
par G. Canale & C. Spa (Turin, Italie)

Sommaire

Évangile selon Jean (XIX, 17 à 22)

Ils prirent donc Jésus
Et portant lui-même sa croix
Jésus sortit vers le lieu dit « du crâne »
Qui en hébreu se dit Golgotha
Où ils le crucifièrent
Et avec lui deux autres
Un de-ci, un de-là
Et au milieu Jésus.
Pilate écrivit aussi un écriteau
Et le fixa sur la croix
Il y était écrit
« Jésus le Nazôréen, le roi des Juifs »
Cet écriteau beaucoup de Juifs le lurent
Parce que le lieu où Jésus fut crucifié
Était proche de la ville
Et c'était écrit en hébreu, en latin et en grec.
Les Grands Prêtres des Juifs dirent à Pilate :
« N'écris pas : le roi des Juifs, mais qu'il a dit :
"Je suis le roi des Juifs." »
Pilate répondit :
« Ce que j'ai écrit, je l'ai écrit. »

Introduction

Quelles que soient nos croyances ou nos convictions, comment se fait-il que nous connaissions aussi peu les origines du christianisme ?

Comment mettre en évidence que les écrits fondateurs qui composent le Nouveau Testament sont le résultat d'une longue élaboration ?

Comment rappeler que les Évangiles, avant d'être un texte sacré, constituent d'abord un texte ?

Comment montrer que cette histoire, tellement investie au cours des siècles par les interprétations religieuses, risque de disparaître sous elles ?

Avant d'interroger chaque phrase du récit de la Passion dans l'Évangile selon Jean, d'en soumettre chaque élément aux hypothèses les plus avancées de la recherche historique, et de la critique textuelle, il faut se défaire de deux préjugés qui, depuis toujours, obscurcissent le débat entre les chercheurs.

D'une part, le « christo-centrisme », c'est-à-dire la tendance des exégètes à tout expliquer – même les impasses du texte – par la certitude indiscutable que Jésus est le Christ.

D'autre part, le soupçon de préméditation ; c'est-à-dire le préjugé supposant que ces textes, aussi divers soient-ils, ont été écrits ou réécrits dans le but de tromper les lecteurs, de les attirer vers l'Église, comme l'ont défendu les historiens « rationalistes ».

Au regard des modes de fabrication, des procédés d'écriture, des anachronismes, des anomalies de ces textes, ni le

« christo-centrisme » ni la « préméditation » ne sont des *a priori* recevables.

Ce qu'il faut sans cesse rappeler, en revanche, c'est que les Évangiles ne sont pas contemporains des événements qu'ils décrivent et qu'ils poursuivent d'autres buts que de dire l'histoire. De même que Jésus n'a jamais été chrétien, le christianisme primitif (avant la lettre) est radicalement étranger au modèle catholique et romain auquel il allait finir par donner naissance.

Pour être appréhendée dans sa complexité, la question historique doit donc l'être sur un double terrain. Elle doit l'être dans le cadre du judaïsme du début du Ier siècle, à l'intérieur des données sociales, politiques et religieuses de la Palestine et non selon une grille moderne d'interprétation. Elle doit l'être sans jamais oublier non plus le cadre dans lequel ces textes ont été écrits, c'est-à-dire au moment où le christianisme émerge du judaïsme palestinien et s'en sépare ; au moment où la Palestine par deux fois, en 70 puis en 135, va être vaincue par l'Empire romain.

Corpus Christi touche à un domaine si complexe que nous n'avons, évidemment, ni la naïveté ni la prétention de répondre de façon catégorique aux questions que nous nous posons.

En revanche, nous avons eu l'ambition de n'en omettre aucune, d'y revenir de plusieurs points de vue, sous plusieurs formes afin de serrer au plus près les énigmes qui circonscrivent cet immense domaine de recherche qu'est aujourd'hui, à travers le monde, l'étude du Nouveau Testament et des origines du christianisme.

En d'autres mots, pouvons-nous, et comment, mesurer ce qui sépare le Jésus de l'Histoire de la figure de Jésus-Christ dans la tradition chrétienne ?

Son corps crucifié fut-il celui d'un Dieu ?

Celui d'un homme ?

Ou le corps d'un texte ?

Pâque

Jésus serait mort à l'âge de trente-trois ans : cette affirmation aurait-elle un fondement dans les textes ?

Les Évangiles ne fournissent en effet que de rares indications chronologiques quant à la naissance, au ministère et à la crucifixion de Jésus.

Pouvons-nous néanmoins tenter de le situer dans le temps ?

Aux jours du roi Hérode

Selon l'Évangile de Matthieu, Jésus naît « aux jours du roi Hérode » et, selon Luc, c'est également « aux jours du roi Hérode » qu'Elizabeth, la cousine de Marie, la mère de Jésus, conçoit Jean le Baptiste…

Dans Luc toujours, Marie (enceinte) quitte Nazareth pour se rendre à Bethléem où son mari, Joseph, doit répondre au recensement de « l'univers entier », ordonné par Quirinius, gouverneur de Syrie…

Dans Luc encore, le commencement de la prédication de Jean le Baptiste a lieu dans « la quinzième année du règne de Tibère César » (ce qui correspond à la fin de l'an 27 de notre ère ou au début de l'an 28) ; et, peut-être un an après, Jésus entame sa vie publique alors « qu'il a environ trente ans »...

Au cours de cette vie publique, dans l'Évangile selon Jean, ses contradicteurs l'accusent de se vanter d'avoir connu Abraham alors qu'il n'a pas encore « cinquante ans »...

Comment Jésus a-t-il pu naître « aux jours du roi Hérode », mort en l'an 4 *avant* notre ère et sa mère (enceinte de lui) être recensée par Quirinius, le légat romain, qui, selon Flavius Josèphe, fut en fonction en l'an 6 ?

Comment Jésus peut-il avoir « environ trente ans » lorsqu'il est avec Jean le Baptiste et pas encore « cinquante ans » lorsqu'il se dispute avec ses adversaires, alors même que son ministère dure un peu moins d'un an selon les synoptiques et un peu plus de deux selon Jean ?

Les « trente ans » de Jésus ne seraient-ils pas à rapprocher du chiffre symbolique marquant la maturité ?

Joseph, le patriarche, a trente ans quand il devient Premier ministre du Pharaon. David a trente ans quand il devient roi. Et dans le livre des Nombres, l'aptitude des lévites au service de l'autel est fixé entre trente et cinquante ans...

Les « cinquante ans » ne sont-ils pas déduits d'un calcul basé sur la construction du Temple. Dans l'Évangile selon Jean (XI, 20), nous lisons que Jésus dit aux Juifs : « "Détruisez ce sanctuaire et en trois jours, je le relèverai." Les Juifs lui dirent alors : "Il a fallu quarante-six ans pour bâtir ce sanctuaire, et toi, en trois jours tu le relèveras ?" Mais lui parlait du sanctuaire de son corps. »

D'où le raisonnement : si Jésus parle du Temple comme de son corps, si la construction du Temple a commencé il y a quarante-six ans, Jésus a donc quarante-six ans à l'époque du récit...

Hérode... Quirinius... Jean le Baptiste... Trente ans... Quarante-six ans... Tous les efforts d'harmonisation de ces données ont échoué : la liste exhaustive des contradictions, des impossibilités, des erreurs de concordance remplissent des livres entiers...

A minima, peut-être peut-on admettre que la tradition situant la naissance de Jésus « au temps du roi Hérode » s'appuie sur quelque souvenir authentique. Ce qui faisait dire, très prudemment, à Maurice Goguel : « La seule conclusion à laquelle on puisse aboutir et qui est loin d'être aussi précise qu'on le souhaiterait, est que Jésus est vraisemblablement né entre 5 avant notre ère et 5 après. »

À l'évidence, les rédacteurs des Évangiles ignoraient absolument tout de la naissance de Jésus, et ils ont tenté de combler leur ignorance par l'emploi de données apparemment historiques.

« L'incertitude et la fantaisie chronologiques sont les vices profonds de l'hagiographie », stigmatisait Charles Guignebert.

Denys le Petit

Sur quelles bases alors a été fixé le début de l'ère chrétienne ?

C'est au VIe siècle, à la demande du pape Jean I, qu'un moine romain, qui passait pour l'un des plus érudits de son temps, Dionysius Exiguus (Denys le Petit), propose de substituer au calendrier julien une ère nouvelle, l'ère de l'Incarnation, l'ère des martyrs...

Nous ignorons par quels calculs Denys le Petit aboutit à son résultat, quelles furent ses réflexions, ses visées théologiques et politiques... Nous pouvons simplement constater que les contradictions des indications à l'intérieur des Évangiles ne l'arrêtèrent pas et que, vraisemblablement, il s'appuya sur Luc pour fixer en l'an 754 de Rome le début de la nouvelle ère.

Un raisonnement et un résultat qui amusent Charles Perrot : « Denys le Petit s'est trompé en faisant le calcul des années de Rome ! Jésus est né en - 4, en - 5, en - 6 avant Jésus-Christ ! Et lorsque je vois des gens affolés par la venue du bimillénaire et la fin du monde, je leur dis : "Calmez-vous, c'est déjà fait. Nous y sommes, dans le bimillénaire". »

Quant à la date du 25 décembre, elle ne réfère en rien à l'Histoire. De l'avis même des exégètes catholiques, elle paraît avoir remplacé la fête du dieu solaire, Mythra *(natale solis invicti)*, qui marquait le solstice d'hiver peut-être pour s'accorder avec la prophétie de Malachie : « Mais sur vous qui craignez mon nom, se lèvera le soleil de la justice. »

Pendant longtemps cette date de Noël fut flottante : Clément d'Alexandrie se prononçait pour le 19 avril ; le 18 avril avait aussi ses partisans, tout comme le 29 mai ou le 28 mars. En Orient, jusqu'à nos jours, le 6 janvier est la date de Noël...

Le vendredi de la crucifixion

Si la date de la naissance de Jésus demeure inconnue, pouvons-nous, à l'inverse, déterminer au moins la date de sa mort ?

Quel jour et quelle année Jésus a-t-il été crucifié ?

Là encore, aucun des Évangiles ne donne la moindre indication directe, même Luc qui semblait si précis quant à la naissance ne dit rien à propos de la mort. Nous devons donc déduire cette date de données externes aux Évangiles, en nous appuyant sur ce que nous pouvons savoir, par ailleurs, des personnages historiques présents dans le récit de la Passion.

Flavius Josèphe, par exemple, nous dit que Hérode Antipas fut tétrarque de Galilée de - 4 à 39 ; qu'Ann fut Grand Prêtre de 6 à 15 ; Caïphe, de 18 à 35, et qu'enfin Ponce Pilate fut préfet de Judée de 26 à 36.

C'est certainement là l'indication la plus fiable.

L'activité publique, et donc la mort de Jésus, doit pouvoir se situer dans une fourchette de dix ans, ce qui, d'ailleurs, au regard de nos connaissances sur l'Antiquité, est un laps de temps plutôt court. Pour tenter d'affiner notre calcul et resserrer cette fourchette, nous devons prendre en compte une indication essentielle sur laquelle s'accordent tous les évangélistes : Jésus a été crucifié dans la période de la Pâque.

Les quatre Évangiles se recoupent aussi pour affirmer que la crucifixion de Jésus eut lieu un vendredi, une veille de *shabbat.*

Le problème, c'est que pour les synoptiques ce vendredi était le premier jour de la Pâque, tandis que pour Jean ce vendredi, jour dit de la Préparation, était seulement la veille de la Pâque.

Christian Grappe le souligne : « Il y a là un décalage extrêmement important, un décalage d'une journée qui pose un problème considérable, et un problème historique incontournable, dans la mesure où l'on a deux données qui se contredisent. »

Différents calculs astronomiques ont permis d'essayer de reconstituer le calendrier juif du début du Ier siècle, afin de déterminer quelles années le *shabbat* a pu coïncider :

– avec un jour de Pâque,

– avec une veille de Pâque.

Dans le premier cas, c'est-à-dire selon la chronologie des synoptiques, la mort de Jésus aurait eu lieu le 27 avril 31.

En revanche, elle semblerait pouvoir être située le 7 avril de l'an 30, mais aussi éventuellement le 3 avril 33, si l'on se place du point du vue de l'Évangile de Jean.

Comme on le voit, on ne peut donc pas déterminer avec certitude le jour et l'année de la mort de Jésus, mais seulement approcher d'une probabilité historique.

Selon Jean

La Pâque juive, *pessah*, est une fête de pèlerinage qui dure sept jours, du 15 au 21 du mois de *Nissan* (c'est-à-dire en mars-avril).

Selon l'Évangile de Jean, Jésus meurt à l'heure où les agneaux qui allaient être mangés au cours de la nuit étaient rituellement immolés sur le parvis du Temple, c'est-à-dire le 14 du mois de *Nissan*. C'est aussi l'opinion de l'Évangile apocryphe de Pierre, sans qu'on sache si ce texte dépend de l'Évangile de Jean ou s'il exprime une tradition originale. Quoi qu'il en soit, selon l'Évangile de Pierre, le supplice a lieu avant que le *shabbat* ne commence et « avant le premier jour des Azymes, leur fête » (c'est-à-dire juste avant la Pâque).

Ce que confirme également une *baraïta* du Talmud : « La veille de la Pâque, on pendit Yeshou (de Nazareth). Le hérault avait marché pendant quarante jours devant lui en disant : "Voici Yeshou (de Nazareth) qui va être lapidé, parce qu'il a pratiqué la sorcellerie et qu'il a séduit et égaré Israël. Que tous ceux qui connaissent quelque chose à sa décharge viennent plaider pour lui." Mais il ne se trouva personne pour prendre sa défense, et on le pendit la veille de la Pâque. »

C'est enfin, et peut-être surtout, ce que l'on peut déduire de ce qui constituerait l'écrit le plus ancien du christianisme, la première *Épître aux Corinthiens.* Paul, évoquant Jésus vers l'an 51, s'écrie : « Car Christ notre Pâque a été immolé. » Association qui renvoie explicitement la crucifixion à la veille de la Pâque, au jour de l'immolation, au jour du sacrifice des agneaux.

On peut cependant se demander, par hypothèse, si le fait d'exécuter un Juif la veille de Pâque pouvait être, de la part des Romains, une provocation calculée ou, au contraire, un geste de prudence.

À l'époque du second Temple, la Pâque est une très importante fête de pèlerinage. Flavius Josèphe signale qu'une année 250 000 agneaux ont été immolés à Jérusalem. Même si les chiffres sont très exagérés, cela indique un afflux considérable dans la ville sainte. On suppose plus raisonnablement que la population de Jérusalem pouvait être facilement multipliée par quatre, c'est-à-dire passer à 100 000 personnes…

« D'où le danger, explique Étienne Nodet, parce que la foule est toujours dangereuse et quatre-vingt-dix pour cent de la population de Jérusalem, à ce moment-là, constitue une population flottante, qui est là pour huit jours, avec, au fond, assez peu à faire : manger l'agneau le premier soir, le second jour est un jour de repos, ensuite les cérémonies d'offrandes, soit au Temple, soit l'offrande de la gerbe et autres, mais dans ce contexte un peu fluide, les mouvements de foule sont toujours possibles. Ce que peut permettre de comprendre, d'ailleurs, cette coutume signalée seulement dans l'Évangile de relâcher un condamné au moment de la Pâque qu'évoque la libération de Barabbas par Pilate. Il n'est pas du tout impossible qu'une coutume soit née de la nécessité de faire un geste d'apaisement, même un peu superficiel au moment où il y a de tels rassemblements. »

Cela expliquerait bien la discrétion dont semblent faire part les autorités juives, les précautions dont ils s'entourent avant d'arrêter Jésus.

Ainsi est-il écrit dans Marc : « La Pâque et les Azymes allaient avoir lieu dans deux jours, et les Grands Prêtres et les scribes cherchaient le moyen d'arrêter Jésus par ruse pour le mettre à mort. Car ils se disaient : “Pas en pleine fête, de peur qu'il n'y ait de tumulte parmi le peuple”. »

« Il est impensable que l'arrestation de Jésus, son jugement et son exécution, aient eu lieu le premier jour de Pâque, confirme Jean-Pierre Lémonon. En plus, ça aurait été enfreindre les lois juives les plus élémentaires. »

Ce que souligne Charles Perrot : « L'heure de la Pâque étant sonnée, c'était jour de repos, d'autant plus que cette année-là, le jour de la Pâque se doublait d'un jour de *shabbat*... Il n'était même plus possible de défaire un crucifié de sa croix, de l'ensevelir, d'acheter des aromates... On ne pouvait plus rien faire... C'est pourquoi Jésus est bien mort la veille de la Pâque... Après la venue de la première étoile du soir, c'était impossible. C'est bien pour cela qu'on peut dire que presque tous les spécialistes accordent au point de vue historique la priorité à l'évangéliste Jean. »

Martin Hengel ne partage pas cet avis : « Situer la mort de Jésus la veille de la Pâque, en même temps qu'on sacrifiait les agneaux au Temple, cela fait de lui "l'agneau de Dieu qui porte les péchés du monde", comme le disait Jean le Baptiste au premier chapitre de l'Évangile selon Jean. C'est une formulation théologique incontestable. »

Un tel rapprochement peut paraître en effet troublant.

Jean-Pierre Lémonon le reconnaît : « Je pense effectivement qu'il y a la volonté chez Jean de dire clairement que Jésus est l'agneau pascal. Alors, que Jean ait donné un coup de pouce, pour mettre une parfaite harmonie entre les deux éléments, c'est tout à fait possible. »

Ce parallélisme avec l'agneau pascal est renforcé à la fin du récit de la Passion dans l'Évangile selon Jean lorsqu'il est rappelé que les soldats, voyant que Jésus était déjà mort, « ne lui brisèrent pas les jambes » pour lui donner le coup de grâce.

Or, le rite de la Pâque prescrit par le livre de l'Exode stipule qu'aucun os de l'animal sacrifié ne doit être brisé…

Dans ces conditions, peut-on vraiment être assuré sur le plan factuel que c'est Jean « qui a raison », comme l'assurent aujourd'hui une très nette majorité d'exégètes du Nouveau Testament ?

Selon Marc, Matthieu et Luc

Ne vaut-il pas mieux considérer l'hypothèse des synoptiques et supposer que la mort de Jésus eut lieu le premier jour de la Pâque, le 15 du mois de *Nissan* ?

Les historiens juifs Flavius Josèphe et Philon d'Alexandrie brossent un portrait de Pilate ignorant les usages juifs et, même, les méprisant. Il n'est donc pas impensable qu'il n'ait eu aucun scrupule à faire crucifier Jésus le jour même de la Pâque.

Paradoxalement, cela pourrait dénoter aussi chez lui un cynisme, une intelligence politique, s'appuyant sur une connaissance des prescriptions religieuses de la Torah, bien meilleure que les textes ne le laissent supposer… En effet, la mise à mort d'un homme en pleine fête aurait eu pour Pilate un double avantage : d'une part, il profitait de l'affluence considérable due au pèlerinage pour faire un exemple visible de tous ; d'autre part, l'observance du *shabbat* et la célébration de la Pâque interdisaient aux Juifs tout mouvement et garantissaient la sécurité des Romains et leur capacité à maintenir l'ordre public.

Mais très curieusement, on peut remarquer que la transgression de la Pâque en tant que telle ne semble jouer aucun rôle dans le récit. Elle n'est analysée par les synoptiques ni comme une provocation ni comme une habileté de Pilate. Mieux encore, elle semble même ne revêtir aucune espèce d'importance du côté juif. Simon de Cyrène, « revenant des champs » avant d'être réquisitionné pour porter la croix de Jésus, paraît aussi indifférent au *shabbat* qu'à la Pâque, pourtant si fondamentaux dans le judaïsme.

D'autres bizarreries obscurcissent le texte comme si la Pâque était une notion imprécise pour les rédacteurs synoptiques.

Ainsi Marc, au chapitre 14, évoque « le premier jour des Azymes, où l'on immolait la Pâque » au verset 12, tandis que, quelques versets plus haut, au verset 1, on l'a vu, il précise : « La Pâque et les Azymes allaient avoir lieu dans deux jours. » En l'espace de quelques lignes, il confond en fait deux jours distincts, le jour de la Pâque d'une part et d'autre part le jour de l'immolation, jour des Azymes, c'est-à-dire la veille de la Pâque...

Connaissait-il mal le calendrier juif, comme on l'a dit ? Le fait est que cette bévue, alors qu'il ne s'agit pas d'une indication mineure, est restée dans le texte, sans être jamais corrigée...

La même confusion est reproduite par Luc qui évoque la venue du jour des Azymes « où il fallait immoler la Pâque »... ce qui ne l'empêche pas d'écrire auparavant : « Or, approchait la fête des Azymes, celle qui est dite Pâque. »

Du point de vue événementiel, pour suivre le déroulement de l'ensemble du récit de la Passion, il faut sans cesse contourner les difficultés créées par la chronologie des synoptiques : approximations, méconnaissance des faits, addition des sources rédactionnelles différentes... Le moins que l'on puisse dire est que la précision chronologique n'est pas leur fort.

La nuit synoptique

Dans les récits des synoptiques, la nuit qui serait celle de la Pâque commence par la célébration du dernier repas de Jésus en compagnie de ses disciples. Puis Jésus se rend avec eux au mont des Oliviers, à Gethsemanie. Là, il est arrêté. Jésus comparaît immédiatement devant le Sanhédrin, l'autorité suprême juive, réuni en séance extraordinaire. Avant que la nuit s'achève, Pierre renie Jésus. Au matin, qui demeure la même journée de Pâque puisque, rappelons-le, pour les Juifs les jours vont du crépuscule au crépuscule, le cas de Jésus est réexaminé par le Sanhédrin (chez Marc et Matthieu). Puis Jésus est déféré devant Pilate qui l'interroge et le livre à la croix.

« Il est évident que tous ces détails paraissent peu vraisemblables historiquement », admet Christian Grappe.

Jésus est crucifié, « à la troisième heure » selon Marc, et meurt après « la neuvième heure ». Cette dernière indication chronologique nous amène à situer, d'après les textes, la crucifixion de Jésus à neuf heures du matin et à placer sa mort après quinze heures et avant l'apparition de la première étoile.

Mais encore faudrait-il être persuadé que ces indications horaires relèvent plus de l'Histoire que de la liturgie, c'est-à-dire qu'elles ne renvoient pas plutôt aux heures de la prière par laquelle les premiers chrétiens commémoraient la mort de Jésus...

La veille du *shabbat*

Sur le plan de l'Histoire, les éléments que nous fournissent les Évangiles synoptiques ne nous permettent pas de choisir entre leur récit et celui de Jean.

Peut-être pouvons-nous alors nous appuyer sur une autre référence que celle de la Pâque ?

D'une façon ou d'une autre, tous les Évangiles répètent que la crucifixion a eu lieu le jour de la Préparation, c'est-à-dire la veille du *shabbat.* Alors que nombre d'événements du récit de la Passion s'organisent exclusivement en fonction de ce moment particulier de la semaine juive, cette indication semble étouffée.

Chez Marc et chez Jean, la veille du *shabbat* permet de situer dans le temps la descente de la croix, et donc la crucifixion.

Jean déclare ainsi : « Puisque c'était la préparation, afin que les corps ne restent pas sur la croix durant le *shabbat* – car le jour de ce *shabbat* était grand –, les Juifs demandèrent à Pilate qu'on leur brisât les jambes et qu'on les enlevât. »

Mais Jean avance l'argument recevable du point de vue juif : c'est avant que ne commence le *shabbat* que le cadavre doit être descendu de la croix, pour qu'il n'y reste pas suspendu pendant tout le jour. Ce qui fait comprendre que Marc sous-entend une mauvaise raison quand il veut justifier la demande de Joseph d'Arimathie réclamant le corps pour l'ensevelir avant le début du *shabbat* : l'ensevelissement peut avoir lieu même un jour de *shabbat*, à condition que ce soit avant le coucher du soleil.

De plus, la précision chronologique apportée par Marc est encore plus étrange puisque si le soir est déjà arrivé, comme il l'écrit, la réclamation du corps est soit prématurée, soit trop tardive. Surtout, le soleil s'étant couché, nous ne sommes plus pendant la Préparation, mais déjà le jour du *shabbat*...

La suite de l'histoire de Joseph d'Arimathie, telle qu'on peut la lire maintenant chez Luc, n'est pas moins troublante : « Et l'ayant descendu, il l'enveloppa dans un linceul et le déposa dans une tombe ou personne n'avait encore été mis. Et c'était le jour de la Préparation, et le *shabbat* commençait à luire. » (Luc 23, 53-54) L'addition de la phrase finale dans le récit est flagrante comme une interruption. Quant au verbe qui, en grec, signifie « commencer à luire », il est pour le moins parfaitement énigmatique... Doit-il être lu comme une indication de temps ou comme une formule métaphorique ?

Une nouvelle bizarrerie apparaît à nouveau chez Jean qui continue le récit de l'ensevelissement : « Or, au lieu où il avait été crucifié, il y avait un jardin, et dans le jardin un tombeau neuf [...]. Là donc, à cause de la Préparation des Juifs, comme le tombeau était proche, ils déposèrent Jésus. » (Jean 19, 41-42) Deux causes et deux proximités semblent se confondre : la proximité du *shabbat* et la proximité du Golgotha, qui voudraient justifier l'urgence de l'ensevelissement.

Enfin, dernière étrangeté : pour situer le jour où les Grands Prêtres obtiennent de Pilate qu'une garde soit placée devant le tombeau de Jésus, Matthieu indique : « Le lendemain de la Préparation ». Pourquoi cette formule si contournée ? Pourquoi parler du « lendemain de la veille » ? Pour ne pas nommer le jour : le jour de la Pâque, ou le jour du *shabbat* ?

Préparation et *shabbat* constituent ainsi dans tous les Évangiles deux jours qui forment couple et dont l'importance symbolique n'est pas moins grande que celle de la Pâque.

Ce repère permet de formuler plusieurs hypothèses sur les orientations des évangélistes.

1) Le *shabbat* est désigné dans le texte comme le jour des Juifs.

Il apparaît à la fois comme le jour funèbre et le jour des interdits, un jour sans cesse référé au cadavre de Jésus et au risque d'impureté qu'il fait courir, un jour d'autant plus maudit que les raisons alléguées dans les Évangiles sont approximatives ou erronées au sens de la Torah.

Ce trait est-il à rapprocher de la volonté affichée au cours de son ministère par Jésus de s'affranchir du carcan du *shabbat* (« Le Fils de l'homme est maître du *shabbat* », est-il dit dans Marc, 2-26).

Le *shabbat* n'est-il pas représenté plutôt comme un jour limite, un jour à ne pas atteindre ?

2) La veille (du *shabbat*), le vendredi, apparaît en revanche comme le jour « chrétien ». Quel que soit l'Évangile, le *shabbat* est remplacé ou du moins

devancé par le jour qui le précède, qui le prépare : la Préparation.

Ainsi cet effet de veille qui définit le moment de la mort de Jésus est-il toujours redoublé :

– chez les synoptiques : la Pâque où meurt Jésus est la veille du *shabbat* ;

– chez Jean : la Préparation, quand meurt Jésus, est à la fois la veille du *shabbat* et la veille de la Pâque.

3) La Pâque est un élément peut-être essentiel mais secondaire de cette construction chronologique. En d'autres termes, ce n'est pas elle qui détermine la narration, c'est la narration qui récupère sa symbolique.

Ainsi la Pâque, « la Pâque des Juifs » dit le texte, intervient-elle toujours à contretemps.

Chez Jean, Jésus ne mange pas la Pâque. Chez les synoptiques, Jésus la mange (en admettant que ce soit la Pâque), mais avant tout le monde.

Pâque en automne

Les indications chronologiques données par les Évangiles ne seraient donc pas absolument fiables...

Peut-on au moins être assuré que l'arrestation et la crucifixion ont bien eu lieu au début de la Pâque juive, comme la mémoire chrétienne en a conservé le souvenir ?

Pourrait-il s'agir d'une contraction des événements ?

Selon Hyam Maccoby, l'entrée de Jésus à Jérusalem précédant son arrestation ne se situe pas à Pâque.

Les textes soulignent que, pour accueillir Jésus, le peuple agitait des feuilles de palmier.

« Mais au printemps, à Jérusalem, ironise-t-il, il n'y a pas de feuilles de palmier. Ce ne sont que des feuilles séchées depuis le précédent automne... Ailleurs, on nous dit que Jésus a vu à son arrivée à Béthanie un figuier et qu'il n'y avait pas de figues sur l'arbre... Comment se fait-il qu'il s'étonne qu'il n'y ait pas de figues au printemps ? C'est en automne qu'on trouve les figues ! C'est donc en automne que les scènes ont eu lieu. Selon moi, c'est à Pâque que Jésus a été exécuté mais il avait été arrêté en automne, lors de la Fête des Tentes (fin septembre – début automne) et il est demeuré six mois en prison.

C'est dans la manière des Romains de procéder aux exécutions juste avant une fête religieuse, parce qu'il y avait énormément de monde qui pouvait être témoin de la crucifixion. »

Cette hypothèse, née des indications botaniques présentes dans le récit, est à rapprocher d'une autre qui, elle, résulte de l'histoire du texte. Pour Marie-Émile Boismard, qui se livre depuis des années à une reconstitution de la strate la plus archaïque de la rédaction du quatrième Évangile, « il n'y avait à l'origine qu'une fête de nommée au lieu des six qu'on a maintenant. Et la fête par excellence ce n'était pas la Pâque, c'était la Fête des Tentes qui était effectivement une des fêtes les plus importantes du judaïsme. Et j'ai l'impression que, dans l'Évangile de Jean, le plus ancien, Jésus mourait dans le contexte de la Fête des Tentes et pas dans ce contexte de la Pâque ».

Qu'en déduire, si ce n'est que l'hésitation des évangélistes portait probablement moins sur l'historicité de la date de la mise à mort de Jésus que sur le contexte religieux dans lequel l'événement devait être commémoré.

La Pâque juive

La coïncidence réelle ou réfléchie de la mort de Jésus avec la Pâque était en effet lourde d'implications.

Qu'est-ce que la Pâque pour les Juifs ? Quels symboles s'y attachent ?

La Pâque marque à la fois la célébration de la sortie d'Égypte sous la conduite de Moïse puis celle de la traversée du Jourdain et de l'entrée en Terre promise.

Le livre de l'Exode institue ainsi le rituel : « Le Seigneur dit à Moïse et à Aaron en Égypte : "Ce mois-ci viendra pour vous en tête des autres : vous le tiendrez pour le premier mois de l'année. Dites à toute l'assemblée d'Israël : le dixième jour de ce mois, que chacun de vous se procure un agneau par famille, un agneau par maison. Si la famille est trop peu nombreuse pour un agneau, on le prendra en commun avec le voisin le plus proche, suivant le nombre de personnes, en tenant compte de ce que chacun peut manger. Ce sera une bête sans défaut, un mâle âgé d'un an ; vous pourrez prendre soit un agneau, soit un chevreau. Vous le garderez jusqu'au quatorzième jour de ce mois ; alors toute l'assemblée d'Israël l'égorgera entre les deux soirs. On prendra de son sang et on en mettra sur les deux montants et le linteau de la porte des maisons où on le mangera. On en mangera, cette nuit-là, la chair rôtie au feu avec des pains sans levain et des herbes amères. Vous n'en mangerez rien qui soit cru, ou bouilli, mais il sera rôti au feu complètement, avec la tête, les jambes et les entrailles. Vous n'en laisserez rien pour le matin ; et s'il en reste, vous le brûlerez au feu. Voici comment vous le mangerez : les reins ceints, les sandales aux pieds et le bâton à la main. Vous le mangerez à la hâte : c'est la Pâque du Seigneur." »

Les premiers chrétiens – qui étaient juifs – vont donc se trouver confrontés à un cruel dilemme : comment célébrer à la fois la Pâque et commémorer la mort de Jésus ?

Cette Pâque devait nécessairement établir un lien entre les rites fondateurs d'Israël et l'attente d'une libération qui résultait de l'espoir du retour prochain de Jésus comme Messie d'Israël, tel qu'il était exprimé dans l'Évangile selon Luc : « J'ai désiré d'un grand désir manger cette Pâque avec vous et je ne la mangerai plus jusqu'au royaume futur. »

Un récit liturgique

Ainsi s'expliquerait, pour Étienne Trocmé, l'origine des récits de la Passion dans les Évangiles : « Les récits de la Passion remontent tous les quatre au même archétype qui était un récit de caractère liturgique, destiné à être lu ou récité au cours d'un culte, sans doute annuel, de la communauté chrétienne de Jérusalem, sur les lieux mêmes de l'événement que l'on commémorait, un peu comme les Israélites commémoraient la sortie d'Égypte, en relisant ou en récitant un récit de la sortie d'Égypte, comme on le trouve dans le livre de l'Exode. »

Ces récits de la Passion seraient donc l'écho de cette première liturgie « chrétienne ». Nouveau rituel qui s'insère dans celui de la Pâque et qui calque nécessairement la liturgie juive, se démarquant d'elle sans chercher à s'y substituer.

« Et à tout moment, ajoute Christian Grappe, on a ce jeu de références au rituel juif traditionnel, par des chrétiens qui sont également juifs, et qui ont élaboré un nouveau rituel. Il y a dialogue avec ce rituel que l'on reprend à sa manière et, en même temps, espoir de rallier au nouveau rite des gens qui connaissent l'ancien mais qui pourront admettre à leur tour que Jésus est venu accomplir le rituel qu'ils accomplissaient. »

La Pâque « chrétienne » réinterprète la Pâque juive : la date de la mort de Jésus ne nous renvoie donc pas à l'Histoire, mais aux diverses manières de donner sens à cet événement dans le cadre du judaïsme.

Que les Évangiles synoptiques et l'Évangile de Jean ne s'accordent pas sur le jour de la crucifixion n'est pas aussi embarrassant qu'il y paraît. Comme le montre la querelle « quartodecimane » qui a opposé jusqu'au concile de Nicée, au début du IVe siècle, ceux qui voulaient commémorer la mort de Jésus à date fixe, le 14 de *Nissan* du calendrier juif, et ceux qui voulaient la célébrer à date variable selon le calendrier grégorien. « Ce n'est pas sur la date de Pâque qu'il y a débat dans la première communauté chrétienne, c'est sur le sens à donner, c'est sur l'accent théologique à mettre sur la mort de Jésus, dit Jean-Pierre Lémonon. Le génie du recueil néo-testamentaire c'est de rassembler des textes qui, à lecture première, se contredisent. »

Ces récits se contrediraient-ils autant qu'il semble ?

Les synoptiques, par exemple, établissent le lien entre le dernier repas de Jésus et le repas de Pâque. Le récit est évidemment rétroactif. Il fait jouer à Jésus le rôle d'inventeur de l'Eucharistie, c'est-à-dire du rite chrétien où le partage du pain et du vin est accompli en mémoire de lui. « Or, remarque Christian Grappe, le récit de ce qu'on nomme la Cène fait place à toute une série d'éléments qui permettent de dire que l'arrière-plan est bien celui d'un repas pascal, mais il ne fait pas place à l'agneau pascal. L'agneau manque, et il me semble que le récit suggère ici que, de fait, l'agneau a été remplacé. »

Mais que suggère cette absence réelle de l'agneau dans le repas des synoptiques, si ce n'est que Jésus est, lui, le véritable agneau pascal ?

Ce qui explique bien que Jean-Baptiste proclame « Voici l'agneau de Dieu » au début de l'Évangile selon Jean.

« Tout au long de son Évangile, ajoute Jean-Pierre Lémonon, Jean dit “la Pâque, la fête des Juifs est proche”. Et, au terme du récit, il ne dit plus que la Pâque est proche ; la Pâque est là, puisque Jésus meurt au moment où l’on immole les agneaux au Temple. »

Le projet de Jean est donc de signifier que Jésus remplace la Pâque. Dans la forme ultime de son Évangile, six fêtes sont nommées et une septième ne l’est pas : « Sept étant le chiffre parfait, la septième fête chez Jean va être la Pâque, rappelle Marie-Émile Boismard. La Pâque est la fête par excellence, celle qui va achever toutes les autres en les sublimant pourrait-on dire. Et le mot Pâque lui-même est nommé sept fois dans le texte. »

C’est donc très probablement le fait que Jésus soit mort aux alentours de la Pâque qui a amené ce travail des textes. Comme le dit Enrico Norelli, « c’est à partir de là que s’est développée la réflexion sur Jésus comme “agneau” que nous retrouvons dans différents premiers écrits chrétiens. Et naturellement, c’est aussi ce qui a permis d’appliquer à l’histoire de Jésus le modèle de l’Exode, qui est par excellence le modèle, dans le judaïsme, du salut que Dieu porte à Israël ».

L’un de-ci, l’autre de-là

Dans le Deutéronome (XVIII, 18, 19), Dieu déclare à Moïse, en parlant des Hébreux : « Je leur susciterai, du milieu de leurs frères, un prophète comme toi ; je mettrai mes paroles dans sa bouche et il leur dira tout ce que je lui commanderai. »

Les judéo-chrétiens ont compris que ce prophète annoncé par la Bible hébraïque, c'était Jésus.

Ainsi, les rédacteurs des Évangiles vont s'appliquer à mettre dans la bouche de Jésus des paroles prononcées par Moïse, par exemple, quand Jean fait dire à Jésus, renvoyant directement au Deutéronome : « Ce n'est pas de mon propre chef que j'ai parlé, mais le Père qui m'a envoyé, m'a dicté ce que je dois dire, et m'a prescrit ce que je dois enseigner [...] Et les paroles que je profère, je les profère donc conformément à ce que m'a dit le Père » (Jean XII, 49-50).

Mais ce ne sont pas simplement des citations qui vont nourrir les textes, ce sont aussi des décalques de l'action de Moïse transposées dans la vie de Jésus ; mises sous son nom, pourrait-on dire...

Dans les récits de la Passion, Marc (XV, 27), Matthieu (XXVII, 38) et Luc (XXIII, 33) utilisent des formules très proches pour décrire Jésus crucifié entre deux voleurs, deux larrons, l'un à droite, l'autre à gauche et Jésus au milieu.

L'Évangile selon Jean adopte une formulation très différente : d'une part, il ne nomme pas les autres crucifiés « larrons » ou « voleurs » et, d'autre part, il les situe d'un côté et de l'autre de Jésus sans utiliser de terme technique.

Cette forme « d'un côté et de l'autre » recouvre en fait un sémitisme où les commentateurs, depuis l'époque des Pères de l'Église, ont reconnu une citation littérale de l'Exode (XVII, 8-13).

Dans ce passage de la Bible hébraïque, nous lisons : « Josué fit ce que lui avait dit Moïse, il sortit pour combattre Amaleq, et Moïse, Aaron et Hur montèrent au sommet de la colline. Lorsque Moïse tenait ses mains levées, Israël l'emportait, et quand il les laissait retomber, Amaleq l'emportait. Comme les mains de Moïse s'alourdissaient, ils prirent une pierre et la mirent sous lui. Il s'assit dessus tandis qu'Aaron et Hur lui soutenaient les mains, l'un d'un côté, l'autre de l'autre. Ainsi ses mains restèrent-elles fermes jusqu'au coucher du soleil. »

Le parallélisme entre Jésus en croix et Moïse est manifeste, l'écriture semble prendre ici définitivement le pas sur l'Histoire.

Le *Midrash*

Pour Moshe Bar-Ascher : « Tout ce passage de l'Évangile selon Jean est un texte midrashique. *Midrash*, c'est un texte qu'on dit oralement, lié à un texte écrit ; on ne peut pas faire un *midrash* sans texte de base écrit. L'Évangile n'aurait pas pu être un texte dit oralement sans avoir un texte écrit à citer. Les Juifs et les chrétiens parlent des mêmes textes de base. Mais les Juifs disent que les textes de base sont des textes qui nous obligent aujourd'hui, qui sont valables, les chrétiens disent au contraire que ce sont des textes qui nécessitent un nouveau commentaire ».

Le mot hébreu *midrash* vient de la racine *darash* : chercher, scruter, expliquer, interpréter. Le terme désigne le fait de scruter la Torah pour sans cesse en actualiser le sens à la lumière du moment présent, car cette Parole inépuisable produit du sens pour toutes les situations, à toutes les époques.

Par ailleurs, le mot *midrash* (pluriel *midrashim*) désigne aussi le résultat de cette activité exégétique, un recueil ou un commentaire d'un texte ou d'un livre biblique.

Comme l'exprime plaisamment Pierre Grelot, « nous n'avons pas dans les Évangiles une histoire écrite du point de vue de la concierge, ni du point de vue du journaliste... Il n'y a pas, dans les textes, de petits détails croustillants pour attirer l'attention. Ce n'est pas du tout le point de vue des récits de la Passion, qui veulent au contraire montrer qu'il y a les Écritures accomplies ».

Ce qui est essentiel, c'est d'inscrire Jésus dans le texte de la Bible hébraïque, ou de la Septante, sa traduction grecque – quitte à enfouir son histoire sous une autre histoire.

Comme le résume Éric Junod, « il fallait raconter une histoire qui était déjà écrite ». Pour montrer que ce qui était arrivé à Jésus l'était conformément aux Écritures, il fallait exprimer le récit à partir des formes littéraires existantes.

Isaïe

Ainsi, dans le quatrième chant d'Isaïe, on a vu un portrait de Jésus : « Il n'a pas de beauté pour attirer nos regards, aucune splendeur pour voir en lui le Bien-Aimé. Méprisé, repoussé par les hommes, homme de douleur qui connaît bien la souffrance, au nom devant lequel on se couvre la face. Il était méprisé et nous n'avions aucune estime de lui. »

C'est aussi dans le livre d'Isaïe qu'a pu être trouvée la figure de l'agneau. Dès la première rencontre entre Jésus et Jean le Baptiste, Jésus est dit « l'agneau de Dieu ».

« Nous étions tous perdus comme un troupeau égaré, chacun de nous suivait sa voie, le Seigneur fit retomber sur lui nos iniquités. Maltraité, il se laissa humilier, il n'ouvrit pas la bouche. Il était comme un agneau conduit à l'abattoir, comme les brebis devant ceux qui vont les tondre. »

Comme le constate Pierre Grelot, « en prenant les Psaumes du Juste souffrant, en montrant qu'il y a un rapport entre des détails qu'on avait retenus et les textes, on va montrer que la Passion de Jésus, qui est le seul Juste de la Nation, s'accomplit conformément aux Écritures ». Mais cette interprétation est clairement une interprétation chrétienne. Dans la tradition juive, le « serviteur souffrant » d'Isaïe souffre mais ne meurt pas. Et surtout il ne dépeint pas les souffrances du Messie mais celles du peuple d'Israël.

L'enjeu du débat est le texte lui-même.

« Il faudrait se demander, dans les récits de la Passion, dit Pierre Grelot, si le choix des épisodes a été fait en fonction des textes de l'Écriture, ou bien si les textes de l'Écriture n'ont pas servi de stimulants ; pour conserver les traits des récits de la Passion qui pouvaient rappeler des écritures. Ça ne veut pas dire que l'on a inventé les traits en question. Mais on les a choisis, on les a triés, on n'a pas tout retenu... »

« On a parfois opposé à l'Évangile un argument qui semble de poids, répondait Oscar Cullmann. Comme les prophéties de l'Ancien Testament y sont souvent citées, on a soutenu que ces références n'avaient pas commenté le récit, mais l'avaient suggéré. L'évangéliste aurait cru arrivé ce qu'il avait prédit. Cet argument est beaucoup moins fort qu'on ne le pense. S'il est exact que l'Ancien Testament est souvent invoqué en référence, on ne peut croire à une suggestion que dans peu de cas et seulement quant à des détails. »

Mais ces détails sont si massivement utilisés qu'il finissent par être la chair même du texte. Les évangélistes étaient devant un problème : la mort ignominieuse de Jésus était inexplicable aux yeux de leurs contemporains ; ils s'employèrent alors à chercher dans les Écritures tout ce qui pourrait le justifier. Sa Passion n'est donc pas écrite en vue d'une biographie mais en vue d'une interprétation de sa mort montrant comment, malgré toutes les apparences, Jésus était bien le Messie attendu.

C'est, du reste, exactement ce que met en lumière un épisode des *Actes des apôtres* où il est dit qu'Apollos, Juif-chrétien originaire d'Alexandrie, réfutait les Juifs en public « en démontrant par les Écritures que Jésus est le Christ ».

Le récit scripturaire

Pour compenser le peu qu'ils savent de la vie réelle de Jésus, les évangélistes fouillent ainsi les textes bibliques à tel point que, selon Pierre Geoltrain, « si l'on ôte les références scripturaires des récits de la Passion, on peut dire que le récit s'évapore ; en tout cas que son sens s'effrite. Dans les cinq derniers chapitres de Marc, plus on approche de la Passion, plus les citations de l'écriture juive sont nombreuses ».

Marc compte, en effet, dix-sept références à l'Ancien Testament. Matthieu ajoute cinq références supplémentaires à celles de Marc. Luc procède autrement, il ne reprend que quatre des citations présentes chez Marc auxquels il en ajoute six autres, insistant sur la figure du « juste souffrant » tirée d'Isaïe. Quant à Jean, il n'utilise que quatre des dix-sept références citées par Marc mais en ajoute quatre autres...

Parmi toutes ces citations de la Bible appliquées à Jésus, citons, par exemple...

La trahison de Judas

Psaume 41-10 : « Mon ami qui mangeait mon pain a levé le talon contre moi. »

Les 30 deniers

Zacharie, 10, 12-13 : « Ils me comptèrent comme salaire trente pièces d'argent… Et ils prirent les trente pièces d'argent et les donnèrent pour le champ du potier… »

Jésus se tait devant ses juges

Isaïe, 63-7 : « Affreusement traité, il s'humiliait, il n'ouvrait pas la bouche comme un agneau conduit à la boucherie. »

Le partage des vêtements

Psaume 22-19 : « Ils se partagent entre eux mes vêtements et tirent au sort ma tunique. »

La flagellation, les scènes d'outrages

Isaïe, 50-6 : « J'ai présenté mon dos à ceux qui me frappaient, je n'ai pas dérobé ma face aux ignominies et aux crachats… »

La crucifixion

Psaume 22-19 : « Ils ont troué mes mains et mes pieds. »

Isaïe, 3, 5-12 : « Percé à cause de nos rébellions, broyé à cause de nos iniquités… Il s'est chargé du péché de beaucoup et a intercédé pour les pécheurs. »

Les deux larrons

Isaïe, 53-12 : « Il a livré son âme (c'est-à-dire sa vie) à la mort. Et il a été compté parmi les malfaiteurs. »

Le bon larron

Genèse, 40-14 : « Souviens-toi de moi quand ce bonheur te sera arrivé. »

Jésus sur la croix

Psaume, 22-8 : « Tous ceux qui me regardent se moquent de moi, font la moue, branlent la tête. »

Le vinaigre

Prov. 31-6 : « Donnez des liqueurs fortes à celui qui périt. »

Psaume 69-22 : « Et ils m'ont donné pour nourriture du fiel et dans ma soif ils m'ont abreuvé de vinaigre. »

La prière à Dieu

Psaume 22-9 : « Il a placé son espérance sur le Seigneur ; qu'il le délivre, qu'il le sauve puisqu'il l'aime. »

Jésus avant de mourir

Psaume 22-2 : « Mon Dieu, mon Dieu, pourquoi m'as-tu abandonné ? »

Isaïe, 49-14 : « Car Sion disait : "Yahvé m'a abandonné, le Seigneur m'a oublié. Une femme oublie-t-elle l'enfant qu'elle nourrit ?" »

Jésus expire en poussant un grand cri

Joël, 3-16 : « Et le Seigneur rugira de Sion et fera entendre sa voix de Jérusalem, et les cieux et la terre seront ébranlés. »

Psaume 31-6 : « Père, en tes mains je remets mon esprit. »

Le coup de lance
Zacharie, 12-10 : « Et ils tourneront les yeux vers celui qu'ils ont percé. Il feront le deuil sur lui comme on fait le deuil sur un fils unique… »

Le ciel s'obscurcit
Amos, 8-9 : « Il arrivera en ce jour-là, dit le Seigneur Yahvé, que je ferai coucher le soleil à midi et que je couvrirai la terre de ténèbres en plein jour. »

La mise au tombeau
Isaïe, 53-9 : « On lui donne le sépulcre du riche… »

Jésus-Josué

Mais le travail des Écritures ne s'arrête pas là. La Pâque permet en effet de marquer le lien indissociable de Jésus avec les figures de Moïse et de Josué.

Moïse accomplit la Pâque du départ ; son successeur, Josué, accomplit celle de l'arrivée en Terre promise…

Lorsqu'il combat les Amalécites, Moïse se tient les bras en croix mais c'est Josué qui mène la bataille…

Josué est l'héritier, le successeur de Moïse, celui qui scelle une « nouvelle alliance » avec Dieu.

Or Josué et Jésus sont, en hébreu, un seul et même nom.

En grec, Jésus, comme Josué, se dit Iesous. En hébreu, c'est Yehoshua pour l'un comme pour l'autre. C'est un nom théophore, c'est-à-dire qu'il associe le nom de Dieu *(Yeho)*, la forme prononçable du tétragramme YHWH, à la racine du verbe « sauver » *(Yasha)*. *Yeho-shua* : Dieu sauve, a sauvé, sauvera... Ce que l'on retrouve dans un autre nom qui a l'air complètement différent : Isaïe. Isaïe, c'est *Yasha* et *Yeho*. C'est-à-dire : sauvetage et Dieu, les mêmes lettres que Yehoshua mais écrites à l'envers.

Jésus-Josué-Iesous-Yehoshua signifie donc : Dieu sauve (a sauvé, sauvera...). Le mot grec *(Ie-sous)* comme le mot français (Jé-sus) a d'ailleurs conservé la trace de sa morphologie originelle *(Yeho-shua)*.

C'est d'ailleurs en revenant à ce substrat sémitique du texte que l'on peut comprendre le verset du début de l'Évangile de Matthieu quand l'ange annonce à Joseph que Marie va concevoir un fils :

« *Elle enfantera un fils*
et tu appelleras son nom Jésus
car *il sauvera son peuple de ses péchés* »

Contrairement à l'hébreu ou à l'araméen, dans les langues indo-européennes le lien de causalité entre le fait de s'appeler *Jésus* et *sauver* se perd ; une traduction plus pertinente serait : tu appelleras son nom « Sauveur » *car* « il sauvera »...

« Mais, précise Charles Perrot, ce "salut" ne doit pas être compris dans un sens étroitement religieux de remise des péchés : lorsqu'une ville assiégée risque d'être submergée et que, soudain, les assiégeants renoncent, tout le monde pousse un soupir de soulagement : “Yehoshua !”. “Yehoshua”, c’est en quelque sorte le “ouf !” de la libération… »

Ce que confirme Hyam Maccoby : « Le mot “sauveur” a dans le judaïsme une signification différente de celle qu’elle a dans le christianisme. “ Sauveur” est le nom donné par exemple à Moïse, mais aussi à Samson. Samson n’était pas quelqu’un de bien, c’était un réprouvé, mais il a sauvé les Juifs de leurs ennemis, les Philistins… et on l’appelle “le sauveur”. Dans la tradition juive, le sens du mot “sauver” induit le salut du corps, plus que le salut de l’esprit. C’est aussi le salut d’un peuple opprimé ; l’acte qui leur rend la liberté, c’est le salut. »

Les Juifs du Ier siècle vivaient dans l’attente de qui chasserait les Romains de leur terre, et Josué demeure le modèle incomparable du prêtre-guerrier libérant son peuple de toutes les tyrannies.

Au Livre XX des *Antiquités juives*, Flavius Josèphe rappelle le cas de Theudas également cité par les *Actes des apôtres*, qui dans les années 40 de notre ère avait emmené ses disciples dans le désert en leur promettant qu’il allait accomplir un grand miracle et traverser le Jourdain comme l’avait fait Josué pour provoquer l’intervention de Dieu. Il finira décapité par les Romains. « Mais ce type d’espoir était vivace à l’époque, commente Daniel Schwartz. Je suis sûr que tous ceux qui espéraient en Jésus de Nazareth se souvenaient de Josué. Pourquoi Jésus ne ferait pas aussi bien que lui ? »

Le signe du poisson

En adoptant le poisson comme signe de reconnaissance, on peut penser que les premiers chrétiens ont eux-mêmes fait le rapprochement entre la figure de Jésus et celle de Josué.

Le poisson en grec, c'est le mot *ichtus* et Tertullien y voyait l'acrostiche de *Jésus-Christ Fils de Dieu Sauveur*.

I : Iesous Jésus
CH : Christos christ
T : Theou Dieu
U : Uios Fils
S : Soter Sauveur

Mais n'est-ce pas une reconstruction savante ?

N'est-il pas plus simple, pour expliquer le symbole du poisson, de se rappeler que, dans la Bible, Josué est le fils de Noun. Or, *noun* en araméen signifie aussi poisson…

À travers cet emblème, l'association entre Josué et Jésus était donc clairement à l'œuvre.

Dans *Savoir et Salut*, Guy Stroumsa a raison de souligner que « les *Homélies sur Josué* d'Origène sont le premier ouvrage patristique – et le plus intéressant – sur le livre que les Samaritains considéraient comme le "sixième livre de Moïse" et qui décrit la conquête de la Terre promise par les Israélites. Aux yeux d'un écrivain chrétien, l'importance immédiate du livre tient à la façon dont la Septante a rendu le nom de Josué : Iesous. Le successeur de Moïse à la tête d'Israël est donc avant tout un sacramentum de Jésus-Christ, annonçant que la loi de Moïse est devenue caduque et que, guidé par lui, le Nouvel Israël pénétrera dans la Terre spirituelle, le Royaume de Dieu [...] Exactement comme l'exode d'Égypte était un exode mystique, la conquête de la Terre représente le combat spirituel contre les démons et les vices. »

Il y avait là « préfiguration de l'avenir », dit aussi Tertullien dans son *Contre Marcion*, « car le second peuple, celui que nous formons, nés que nous sommes dans les déserts du siècle – Jésus-Christ devait l'introduire dans la Terre promise, où ruissellent le lait et le miel, c'est-à-dire la possession de la vie éternelle dont rien ne surpasse la douceur, et tout cela devait arriver, non par Moïse, c'est-à-dire non par la discipline de la Loi, mais par Jésus, par la grâce de l'Évangile, après notre circoncision par le tranchant de la pierre, c'est-à-dire par les enseignements du Christ – "car la pierre était le Christ" –, et c'est pourquoi l'homme que la disposition divine affectait aux images de ce mystère a reçu même comme consécration la figure du nom du Seigneur, puisqu'il fut appelé Iesous, Jésus ou Josué ».

Pour autant, en dépit du travail d'interprétation dans lesquels les premiers intellectuels chrétiens s'étaient engagés, et dont au XVIIe siècle Bossuet se souviendra encore, Pierre Grelot n'a pas tort de relever qu'à strictement parler « il y a peu de rapports entre Jésus et Josué dans le cadre du Nouveau Testament ». De même, il faut constater que la littérature juive n'a pas non plus produit de grands développements ni de commentaires sur Josué.

Par la Pâque de Josué, Jésus fait le lien avec celle de Moïse. Mais, paradoxalement, il n'est jamais donné comme un nouveau Josué…

Pour l'évangéliste, Jésus est associé à Josué par un même nom, par une même filiation (ils viennent après Moïse), par une même perspective (la Terre promise, Jérusalem), par un même rite (la Pâque), mais c'est Jésus qui forme par l'addition de ces éléments (et de bien d'autres évidemment) la figure du prophète semblable à Moïse, annoncé par le Deutéronome (XVII), le nouveau Moïse.

Le nom de Jésus

Si son nom lui-même est un tel carrefour de significations et d'enjeux, la question qui se pose est de savoir si « Jésus » est bien le nom d'origine du personnage que nous connaissons, ou serait le nom qu'il s'est choisi ou celui qui lui a été attribué par ses disciples, un nom de guerre, peut-être, un titre ?

« Le bon sens, dit Christian-Bernard Amphoux, c'est d'admettre que "Jésus" est le nom que lui ont donné ses parents. » Il ajoute : « Je ne crois pas que le nom donné historiquement à l'enfant Jésus soit lié à un projet théologique. Mais je crois que l'existence de ce nom a permis de développer le lien qu'il y avait entre la fonction théologique qu'il va jouer par la suite et le nom qu'il porte.

Il pouvait s'appeler Jean, Noé, Éliezer, etc. Enfin, il y avait beaucoup de noms équivalents. Jésus n'était pas le seul nom possible. Il aurait pu s'appeler Mahomet, c'est évident ! »

Sans aller jusque là, il faut tout de même se rappeler que Jésus aurait pu (ou aurait dû) porter un autre nom…

Le début de l'Évangile selon Matthieu fait référence au prophète selon lequel « la vierge concevra et enfantera un fils auquel on donnera le nom d'Emmanuel » – nom qui se traduit, précise l'évangéliste : « Dieu avec nous ».

Au verset suivant, Joseph appelle l'enfant « du nom de Jésus »…

Joseph désobéirait-il à l'ange du Seigneur ?

Pour Christian-Bernard Amphoux, « il est évident que lorsqu'on lit "tu l'appelleras Emmanuel" et qu'il s'appelle "Jésus", ça ne tient pas debout ! Mais nous sommes devant des textes qui ont pour destination de recevoir une exégèse orale. C'est le maître qui doit expliquer : "Emmanuel" veut dire "Dieu avec nous" et Jésus signifie "Dieu sauve". Jésus est donc la forme conclusive de l'énoncé. Si "Dieu est avec nous", c'est que "Dieu nous sauve" ».

Les traces de cette interprétation sont d'ailleurs clairement lisibles dans la conclusion de l'Évangile selon Matthieu : « Je suis avec vous tous les jours jusqu'à la fin du monde », qui renvoie donc subtilement à l'oracle d'Isaïe cité au début de l'Évangile.

La boucle est bouclée, le programme tenu, les prophéties accomplies même si, pour un lecteur contemporain, ce chemin n'a plus l'évidence qu'il avait sans doute pour les premiers lecteurs, pour les premiers auditeurs de l'Évangile…

Il y a donc, comme le dit Christian-Bernard Amphoux, « un rapport de contrainte. La prophétie d'Isaïe a dit une chose et Jésus porte un autre nom. Il faut donc que les deux noms coexistent puisque l'emploi de la prophétie est tout à fait fondamental chez Matthieu. Emmanuel et Jésus, dans l'exégèse, c'est le même projet, mais ce sont deux étapes différentes. On est gênés parce que le rapport entre les deux noms n'est pas évident. Ça ne gênait pas les évangélistes parce qu'ils ne faisaient pas de l'étymologie d'après des livres savants. Ils l'inventaient au fur et à mesure comme les étymologies bibliques, qui ne sont pas fondées scientifiquement mais sur le calembour, sur le jeu de mots ».

Pour Enrico Norelli, « très probablement, Jésus s'appelait Jésus. Puis, on a fait une double interprétation par référence au verbe “sauver” d'une part et à la prophétie 7-14 d'Isaïe, d'autre part, qui indiquait le nom d'Emmanuel.

Jésus ne s'appelle pas Emmanuel, c'est un titre qui lui est appliqué mais pas fréquemment dans le christianisme antique. Matthieu prend Emmanuel non pas comme le nom de Jésus mais comme un titre qui exprimait la réalité de l'efficacité de l'action de Jésus ».

Accumulations et contradictions

Comment comprendre ces additions qui font que Jésus est à la fois un autre Josué, le nouveau Moïse, Emmanuel, l'agneau pascal, le « fils de l'homme »... Comment comprendre cette écriture qui se nourrit d'une autre jusqu'à l'absorber tout entière ?

Pour Moshe Bar-Ascher, tout cela est le signe même de la liberté du rédacteur ; de celui qui commente, qui « midrashe », selon le terme hébreu : « Ce qui est caractéristique, c'est que ça peut être, que ce doit être absurde. Si ce n'est pas absurde, ce n'est pas un *midrash.* Il faut prendre le texte et le sortir de son sens littéral. Il y a la liberté du rédacteur par rapport au contexte dans lequel il écrit. »

En fait les récits procèdent par accumulation, par touches successives qui se complètent et qui ne sont qu'apparemment contradictoires.

Christian Grappe défend ainsi l'idée que les dates inconciliables de la mort de Jésus dans le contexte de la Pâque expriment, en réalité, deux manières de comprendre le même événement sans qu'il y ait contradiction aux yeux de ceux qui élaboraient la tradition.

« Les évangélistes ne raisonnent pas comme nous, en termes d'exclusion, en disant : “Il doit y avoir une version qui a raison et l'autre qui a tort.” Ce n'est pas le déroulement historique des faits qui les préoccupe, c'est la signification, le sens, la vérité de cet événement, au sens où cette vérité surgit de la compréhension qu'ils en ont. Donc, pour eux, c'est vrai, ce n'est pas de la falsification historique. »

En d'autres termes, comme le souligne Marie-Émile Boismard, travailler le texte n'exclut pas pour autant l'Histoire : « Il faut faire très attention : vous avez un fondement historique, au sens où on le comprend maintenant, ce qui s'est réellement passé, mais raconté de façon à introduire des détails qui eux, de notre point de vue occidental, ne sont plus historiques. Au contraire, du point de vue de ceux qui écrivent l'Évangile, ils sont historiques, puisque, pour eux, Jésus était réellement le nouveau Moïse. »

Biblos

Pour les rédacteurs, la notion « d'histoire », c'est-à-dire la relation d'événements situés dans une période repérable, n'est pas la nôtre.

Il faut se rappeler sans cesse que les rédacteurs des Évangiles ne pensaient ni l'Histoire ni l'écriture telles que nous les pensons. Leurs textes forment un estuaire où se mêlent les eaux d'une langue et d'une culture sémitiques aux eaux d'une langue et d'une culture grecques.

Là se situe la première et la plus permanente des tensions qui parcourent le texte. Il est évident, par exemple, que les langues européennes et les langues sémitiques développent deux conceptions antagonistes du temps. Le grec, et toutes les langues indo-européennes, conçoivent un passé, un présent et un futur, alors que l'hébreu, l'araméen (toutes les langues sémitiques) ne connaissent que l'accompli et l'inaccompli.

Ces deux perceptions du temps se rencontrent et se heurtent dans le texte des Évangiles.

De même, ce que nous appelons la « cohérence » d'un texte, son déroulement logique à nos yeux, n'a pas nécessairement pour eux le sens qu'il a pour nous. Les auteurs des Évangiles écrivent selon des critères radicalement autres que nous devons chercher à comprendre sans vouloir à toute force les harmoniser avec notre système d'écriture et de pensée. Ce que nous nommons « incohérence du texte », « contradiction », « mépris de l'Histoire », court le risque de ne refléter qu'un jugement contemporain voulant ignorer que nous sommes en face d'une culture, d'un savoir, d'un art différents. Au contraire, nous devons admettre le point de vue des rédacteurs des Évangiles qui, selon leurs critères, écrivent l'Histoire en fonction des objectifs qu'ils se sont fixés et de l'usage auquel sont destinés leurs textes.

Le débat autour de la coïncidence de la mise à mort de Jésus avec la période de la Pâque illustre parfaitement les enjeux de cette « incohérence ». Mais c'est cette incohérence qui nous permet de remonter le temps.

Nous constatons qu'il y a eu divergences. Reste à analyser comment elles ont été résolues ou du moins surmontées. Et surtout, reste à comprendre ce qui est sans doute le plus surprenant : comment ces contradictions subsistent définitivement, comment elles n'ont jamais été effacées du texte.

Cette incohérence renvoie aussi paradoxalement à ce qui assure la cohérence des écrits évangéliques, à leur référence commune : la Bible, leur seule culture, le seul livre, leur trésor commun où ils puisent sans compter.

Et peut-être n'est-ce pas le signe du hasard si, dans le Nouveau Testament, l'ensemble que composent les quatre Évangiles canoniques (Matthieu, Marc, Luc et Jean) s'ouvre et s'achève par un même mot, le mot *biblos*, cette bible qui passe entre-temps du singulier au pluriel, du livre aux livres pourrait-on dire ; ces livres que, selon l'épilogue de l'Évangile de Jean, le monde même « ne suffirait pas à contenir si on les écrivait »...

Glossaire

APOCRYPHE : du grec, « *soustrait au regard* », « *caché* », « *secret* ». Le terme qualifie les écrits religieux non reconnus par les canons de l'Ancien et du Nouveau Testament. Il existe des évangiles apocryphes, des actes apocryphes, des apocalypses apocryphes... qui s'opposent aux textes canoniques.

CANONIQUE : quasiment fixé à la fin du IVe siècle, le canon est la liste officiellement admise des Écritures chrétiennes. Le Nouveau Testament est constitué de vingt-sept livres canoniques.

CORPUS : selon Bernard Dubourg, « agrégat de textes tendant à prendre l'aspect d'un tout cohérent ».

DEUTÉRONOME : de l'hébreu « *seconde loi* », il est le dernier livre du Pentateuque, c'est-à-dire de la loi hébraïque, la Torah. C'est un code religieux.

DOCÈTE : du grec « *sembler* »; les docètes défendaient l'idée que Jésus n'était qu'un être spirituel ; qu'il n'avait été crucifié qu'en image.

ÉCRITURE : on appelle « Écriture », d'un point de vue chrétien, les textes de la Bible hébraïque ; dans le Nouveau Testament, l'Écriture, « ce qui est écrit », constitue la référence fondamentale.

ÉVANGILE : du mot grec « *bonne nouvelle* », il devient après le IIe siècle la façon de désigner le genre littéraire qui met en scène sous la forme d'un récit l'annonce de cette « bonne nouvelle », c'est-à-dire la vie et la mort de Jésus-Christ.

EXÉGÈSE : du mot grec signifiant « *explication* », il indique la recherche du sens d'un texte. Les exégètes sont ceux qui se consacrent à ce travail. L'usage du mot est quasiment limité à l'étude de l'Ancien et du Nouveau Testament.

EXODE : désigne la migration que plusieurs tribus juives firent d'Égypte en Canaan, au XIIe siècle avant notre ère. Le deuxième livre du Pentateuque porte ce nom.

GNOSE : doctrine philosophico-religieuse, née avant notre ère chrétienne, proposant une « connaissance révélée » (*gnosis*, en grec) supérieure et ésotérique des mystères de Dieu, de l'homme et du monde. Les gnostiques seront un courant de pensée très puissant, y compris dans certains courants du christianisme primitif qui refusent la réalité de l'incarnation de Jésus…

MISHNA : du mot hébreu « *répétition* », il désigne la partie la plus ancienne du Talmud, mise par écrit au IIe siècle de notre ère.

PENTATEUQUE : cinq premiers livres de la Bible (Genèse, Exode, Lévitique, Nombres, Deutéronome) constituant pour les Juifs la Loi par excellence, la Torah.

PÈRES DE L'ÉGLISE : écrivains chrétiens de langue grecque ou latine qui, de la fin du Ier au VIe siècle, ont explicité la doctrine chrétienne. La « patristique » est l'ensemble de leurs œuvres.

RECENSION : forme – fidèle ou non – donnée à un texte ancien par un copiste ou un éditeur postérieur.

SANHÉDRIN : assemblée juive de soixante et onze membres ; il fonctionne jusqu'à la destruction du Temple en 70 comme l'autorité suprême en matière religieuse et politique. Le Sanhédrin siège dans le Temple de Jérusalem.

SEPTANTE : nom donné à la traduction grecque de la Bible hébraïque (IIIe-IIe siècle avant J.-C.) que la légende attribuait à soixante-dix (ou soixante-douze) Juifs d'Alexandrie.

SHABBAT ou **SABBAT** : repos hebdomadaire (du vendredi soir au samedi soir) que la Loi impose aux Juifs pour le consacrer à Dieu.

SYNOPTIQUES : qualificatif des Évangiles de Matthieu, Marc et Luc, qui se prêtent, par leurs nombreuses similitudes, à la mise en parallèle des textes traitant du même thème, et qui permettent leur comparaison « d'un seul regard » (en grec, *sunopsis*). De ce fait, les synoptiques diffèrent du quatrième Évangile, l'Évangile de Jean, dont le récit est composé très différemment.

TALMUD : ensemble de la loi juive orale, mise par écrit par les rabbins. On distingue le Talmud de Jérusalem (IVe siècle de notre ère) et le Talmud de Babylone (Ve siècle de notre ère), plus complet.

TORAH : codification écrite de la Loi juive, attribuée à Moïse et transmise par le Pentateuque, c'est-à-dire les Livres de la Bible suivants : la Genèse, l'Exode, le Lévitique, les Nombres et le Deutéronome.

TRADITION : histoire d'un texte depuis les matériaux primitifs jusqu'à la forme littéraire connue aujourd'hui.

VARIANTE : états différents d'un même texte dont on retrouve à travers les manuscrits, les citations, les traductions, des attestations différentes. Il en existe environ cent mille pour le Nouveau Testament

Chronologie

env. - 1000	Royaume d'Israël fondé par David.
env. - 930	Séparation du Royaume du Sud (Juda) et du Royaume du Nord (Israël).
- 720	Invasion par les Assyriens du royaume d'Israël.
- 590	Prise de Jérusalem et de Juda par les Babyloniens.
- 166	Soulèvement des Macchabées.
- 63	Prise de Jérusalem par Pompée.
- 4	Mort d'Hérode le Grand, roi des Juifs, et division de son royaume.
0	Point théorique du début de l'ère chrétienne.
4	Hérode Antipas devient tétrarque de Galilée (jusqu'en 39).
6	La Judée et la Samarie deviennent provinces romaines sous administration directe. Soulèvement de Judas le Galiléen.
14	Tibère, empereur jusqu'en 37.
18	Caïphe, Grand Prêtre du Temple de Jérusalem jusqu'en 36.
26	Ponce Pilate, préfet de Judée jusqu'en 36.
vers 30	Mort de Jésus ?
37	Caligula, empereur.
41 ou 49	Décret de Claude expulsant les Juifs de Rome.
env. 55	Première Épître aux Corinthiens de Paul.
54	Néron, empereur.
62	Lapidation de Jacques, frère de Jésus.
66 - 70	Révolte juive et destruction du Temple. Prise de Jérusalem par les Romains.
73	Chute de Massada.
132 - 135	Seconde révolte juive sous la conduite de Simon Bar Koshba.
env. 134	Jérusalem devient Ælia Capitolina et est interdite aux Juifs
env. 135	Papyrus Ryland – fragment le plus ancien d'un Évangile jamais découvert.
env.175	Papyrus Bodmer – exemplaire le plus ancien d'une copie presque complète de l'Évangile de Jean.
env. 325	L'empereur Constantin se convertit au christianisme.

Repères historiques

Hérode Ier ou Hérode le Grand : fondateur de la dynastie hérodienne qui collabore avec les Romains, il se fait proclamer roi et se maintient au pouvoir de 37 à 4 avant J.-C. C'est sous son règne qu'est située traditionnellement la naissance de Jésus.
Hérode Antipas (ou Hérode dans les récits de la vie publique de Jésus) : tétrarque de Galilée de 4 avant J.-C. à 39 après J.-C.
Hérode Agrippa : petit-fils d'Hérode Ier, il reconstitua pour une brève période (41 - 44 après J.-C.) le royaume de son grand-père, grâce à l'appui des empereurs Caligula et Claude.
Archelaüs (Hérode) : fils d'Hérode Ier, il avait reçu à la mort de son père (4 avant J.-C.) le gouvernement de la Judée, de la Samarie et de l'Idumée, mais fut déposé par Auguste (6 après J.-C.) et la Judée passa sous la tutelle directe de Rome.
Hérode Philippe Ier : appelé simplement Philippe dans les Évangiles : un des fils d'Hérode Ier, tétrarque des régions transjordaniennes (4 avant J.-C. - 34 après J.-C.).
Hérodien : désigne la dynastie originaire d'Idumée dont les membres ont gouverné tout ou partie de la Palestine, sous des titres divers, de 47 avant J.-C. à la prise de Jérusalem par Titus (70 après J.-C.).
Ponce Pilate : préfet de Judée de 26 à 36 après J.-C. Sa présence en Palestine est attestée autant dans les œuvres de Flavius Josèphe et de Philon d'Alexandrie que par une pierre portant son nom découverte à Césarée.
Prêtre (Grand Prêtre) : dans la religion judaïque, membre d'une des familles sacerdotales responsables du service cultuel

au Temple ; dans les Évangiles, il est fait mention d'Ann (Grand Prêtre de 6 à 15) et de son beau-fils (?) Caïphe (Grand Prêtre de 18 à 35).

Pharisien : parti religieux-laïc opposé au pouvoir des Sadducéens. Après la chute du Temple, les Pharisiens seront ceux qui reconstruiront le judaïsme pour lui donner la forme que nous lui connaissons aujourd'hui.

Qumrân : site archéologique au nord-est de la mer Morte où l'on a mis au jour, à partir de 1947, un ensemble de bâtiments de type monastique ayant abrité une communauté. Ceux-ci semblent avoir été violemment détruits au cours de la révolte juive de 66 - 70 après J.-C. On y a retrouvé de nombreux manuscrits bibliques et sectaires datant de cette époque.

Samaritain : communauté juive dissidente dont la rupture avec le judaïsme date de 925 av. J.-C. environ. Leur temple, rival de celui de Jérusalem, est situé sur le mont de Garizim.

Saducéen : secte juive dont les membres appartenaient surtout à l'aristocratie sacerdotale et jouaient un rôle politique important.

Temple : le premier Temple a été édifié au temps de Salomon (Xe siècle avant J.-C.) et détruit par les Babyloniens. Le Temple du temps de Jésus est le second rebâti au retour d'exil (VIe siècle) et considérablement aménagé et enrichi par Hérode le Grand à partir de l'an - 20. Sa destruction au cours de la prise de Jérusalem par Titus (70 après J.-C.) marque l'écrasement de la première révolte juive.

Zélote : parti juif religieux politique fondé par Judas le Galiléen en vue de s'opposer au recensement de Quirinius. Les zélotes menèrent une lutte à la fois contre les Romains et contre les Juifs soupçonnés de collaborer avec eux par manque de zèle envers Dieu.

Bio-bibliographies des participants

◆ **Christian-Bernard Amphoux** est spécialiste de l'histoire du texte et de la langue du Nouveau Testament. Chercheur au CNRS, il dirige le Centre de recherches textuelles Jean-Duplacy à Lunel-Montpellier. Il a notamment publié, avec Léon Vaganay, *Initiation à la critique textuelle du Nouveau Testament* (Cerf, 1986), ainsi que *La Parole qui devint Évangile* (Éditions du Seuil, 1993) et *L'Évangile selon Matthieu, Codex de Bèze* (Le Bois d'Orion, 1996).

◆ **Moshe Bar-Ascher**, linguiste, enseigne à l'Université de Jérusalem. Il est président de l'Académie des langues hébraïques d'Israël. Il a publié de nombreux articles sur les langues sémitiques, leur histoire, leur grammaire. Parmi ses livres, citons : *Palestinian and Grammatical Problems* (1977), *The Tradition of Michnaic Hebrew in the Communities of Italy* (1980).

◆ **Marie-Émile Boismard** travaille depuis de nombreuses années à l'École biblique et archéologique de Jérusalem. Spécialiste de l'Évangile de Jean, il a édité les trois tomes de la *Synopse des Évangiles* (en collaboration avec P. Benoît et A. Lamouille). Cet ouvrage de référence a également été traduit à travers le monde. Ses recherches concernent principalement la critique textuelle comme en témoignent *La Vie des Évangiles*, avec A. Lamouille (Cerf, 1980) et surtout *Moïse ou Jésus* (Leuven University Press, 1988). Il est également l'auteur de *Faut-il encore parler de « résurrection »?* (Cerf, 1995) et de *À l'aube du christianisme, avant la naissance des dogmes* (Cerf, 1998).

◆ **Alan Culpepper** (Mercer University, Atlanta), spécialiste de l'Évangile de Jean du point de vue de la critique narrative, a notamment publié aux États-Unis *Anatomy of the Fourth Gospel, A Study in Literary Design* (1983), *The Johannine School* (1975), *John the Son of Zebedee : the Life of a Legend* (1994).

- **Joseph A. Fitzmyer**, jésuite, est professeur émérite de l'Université catholique d'Amérique à Washington. Spécialiste de l'Évangile de Luc, sur lequel il a publié un vaste commentaire, il l'est aussi des questions touchant aux origines sémitiques des textes évangéliques, notamment son substrat araméen. Il a publié de très nombreux livres, parmi lesquels *Essays on the Semitic Background of the Nex Testament*, *The Dead Sea Scrolls*, *The Gospel according to Luke*, *The Gospel according to Paul*...
- **Ennio Floris**, originaire de Cagliari (Sardaigne), est docteur en théologie de l'Angelicum de Rome et docteur en philosophie de l'université de Paris. Il est l'auteur de *Sous le Christ, Jésus* (Flammarion, 1987) où il développe sa méthode d'analyse référentielle des Évangiles. Il prépare actuellement un essai sur Judas.
- **Sean Freyne** est professeur de théologie au Département d'Études hébraïques, bibliques et théologiques du Trinity College de l'université de Dublin et membre du comité de rédaction de la revue internationale *Concilium*. C'est un spécialiste de l'histoire sociale et politique de la Galilée au Ier siècle, à laquelle ont été consacrées la plupart de ses publications.
- **Pierre Geoltrain**, directeur d'études à l'École pratique des hautes études (Paris), est spécialiste de l'histoire des idées et des origines du christianisme. Il a dirigé, avec François Bovon, l'édition des *Écrits apocryphes chrétiens* pour la Bibliothèque de La Pléiade chez Gallimard (1997).
- **Christian Grappe**, maître de conférences à la Faculté de théologie protestante de l'université des Sciences humaines de Strasbourg, a publié aux Presses universitaires de France *D'un Temple à l'autre* (1992) et *Images de Pierre aux deux premiers siècles* (1995). Il travaille principalement sur le premier christianisme de l'Église de Jérusalem.
- **Pierre Grelot**, professeur honoraire à l'Institut catholique de Paris (École des langues orientales anciennes et Faculté de théologie),

a été membre de la Commission biblique pontificale. Auteur de nombreuses participations à des encyclopédies et volumes collectifs ainsi que de plus d'une vingtaine d'ouvrages d'exégèse et de théologie biblique (dernièrement : *La Tradition apostolique, Réponse à Eugène Drewermann, Dieu le Père de Jésus-Christ, Les Juifs dans l'Évangile selon Jean),* il est également un des grands spécialistes de l'araméen du Nouveau Testament – citons notamment *L'Origine des Évangiles, Controverse avec Jean Carmignac* (Cerf, 1986). Il vient de publier les deux tomes de *Jésus de Nazareth, Christ et Seigneur* (Cerf, 1997-1998).

◆ **Martin Hengel**, professeur émérite de Nouveau Testament et d'Antiquités juives à l'université de Tübingen. Depuis son classique *Die Zeloten* (1961), ses livres sont traduits en neuf langues. Citons : *La Crucifixion dans l'Antiquité* (Cerf, 1981) et dernièrement *The Prechristian Paul* (1991), *Judaïca et Hellenistica* (1996), *Paul between Damascus and Antioch* (1997).

◆ **Éric Junod**, actuellement recteur de l'université de Lausanne, enseigne l'histoire du christianisme à la Faculté de théologie. Spécialiste du christianisme primitif, ses publications concernent principalement Origène, Philon d'Alexandrie et les apocryphes du Nouveau Testament comme *L'Évangile de Pierre* dont il a assuré une nouvelle édition commentée pour La Pléiade (Gallimard).

◆ **Jean-Pierre Lemonon**, professeur d'exégèse néo-testamentaire et d'histoire du Ier siècle à la Faculté de théologie de l'Université catholique de Lyon dont il a été le doyen (1985-1991), est l'auteur de l'ouvrage de référence sur Ponce Pilate, *Pilate et le gouvernement de Judée* (Gabalda, 1981) et récemment, avec J. Comby, de *Rome face à Jérusalem, regards des auteurs grecs et latins* (Cerf, 1992). Il a aussi publié *Le Monde où vivait Jésus* en collaboration avec H. Cousin et J. Massonnet (Cerf, 1997).

◆ **Malcom Lowe,** membre de l'Œcumenical Theological Research Fraternity en Israël, est également l'éditeur de la revue *Immanuel* et travaille tout particulièrement sur le dialogue chrétiens-Juifs à travers le Nouveau Testament.

◆ **Hyam Maccoby**, professeur au Leo Baeck College de Londres, a été rédacteur en chef de *The Jewish Quaterly*. Il a publié notamment *Revolution in Judaea (Jesus and the Jewish Resistance)* (1980), *Judas Iscariot and the Myth of Jewish Evil* (1992). Son dernier livre est *A Pariah People : the Anthropology of Antisemitism* (1996), traduit en français : *Paul et l'invention du christianisme* (Lieu commun, 1987).

- **Daniel Marguerat**, professeur de Nouveau Testament à l'université de Lausanne, où il travaille au sein de l'Institut des Sciences bibliques. À côté de livres destinés à un plus large public, notamment *L'Homme qui venait de Nazareth* (Éd. du Moulin, 1990), il dirige aux Éditions Labor et Fidès à Genève la collection « Le Monde de la Bible » où il a publié Oscar Cullmann, François Bovon, Jean Zumstein, Maurice Carrez, J.-D. Kaestli, François Vouga, Pierre Prigent et son *Jugement dans l'Évangile de Matthieu* (1981). Il vient de diriger *Le Déchirement. Juifs et chrétiens au Ier siècle* (Labor et Fidès, 1996).
- **Frans Neirynck,** professeur émérite de l'université de Louvain (Leuven), édite de nombreuses revues et est l'auteur d'un nombre considérable d'articles consacrés à l'étude du texte du Nouveau Testament. Notons, parmi son importante bibliographie, ses ouvrages les plus récents chez Leuven University Press : *Q-Synopsis : The Double Tradition Passages in Greek* (1988 et 1995), *The Minor Agreements in a Horizontal-Line Synopsis* (1991), *Evangelica II : 1982-1991* (1991), *The Gospel of Mark* A Cumulative Bibliography : 1950-1990 (1992). Trois volumes de *Mélanges* lui ont été consacrés en 1992. *The Four Gospels, Festschrift Frans Neirynck* (1992).
- **Étienne Nodet**, ancien élève de l'École polytechnique, dominicain de l'École biblique et archéologique française de Jérusalem, assure la traduction et l'édition commentée des *Antiquités juives* de Flavius Josèphe (sur les huit prévus, deux volumes sont parus aux éditions du Cerf). Après son *Essai sur les origines du judaïsme* chez le même éditeur, il a publié, en collaboration avec Justin Taylor, *Essai sur les origines du christianisme* (1997).
- **Enrico Norelli** enseigne à la Faculté autonome de théologie protestante de l'Université de Genève. Ses publications portent

principalement sur la littérature apocryphe, les apologistes, Marcion, Irénée de Lyon, les doctrines eschatologiques, le rapport avec le judaïsme et l'histoire de l'exégèse chrétienne ancienne. Il est l'auteur de plusieurs ouvrages sur *L'Ascension d'Isaïe* dont une édition traduite et commentée chez Brepols (1993) ainsi que pour La Pléiade (Gallimard, 1997). Avec Daniel Marguerat et J.-M. Posset, il a dirigé la publication du volume collectif *Jésus de Nazareth, nouvelles approches d'une énigme* (Labor et Fidès, 1998).

- **Charles Perrot,** professeur honoraire de l'Institut catholique de Paris, bibliste, spécialiste du judaïsme contemporain de Jésus, est, en particulier, l'auteur de *Jésus et l'Histoire* (Desclée, 1993), devenu un livre de référence sur la question historique à propos de Jésus et du judéo-christianisme des premiers temps. Il vient de publier *Jésus de Nazareth, Christ et seigneur des premiers chrétiens* (Desclée, 1997).
- **Émile Puech**, directeur de recherches au CNRS, est co-éditeur en chef des manuscrits de la mer Morte, directeur de la *Revue de Qumrân*. Épigraphiste, il a publié un nombre considérable d'articles dans des revues du monde entier… Il est également membre de la Société des lettres, sciences et art de l'Aveyron (Rodez), membre du Conseil éditorial de la revue *Le Monde de la Bible* (Bayard) et consultant pour le projet de l'*Encyclopædia of the Dead Scrolls* (New York). Il est co-auteur du volume collectif *Qumrân et les manuscrits de la mer Morte, un cinquantenaire* (Cerf, 1997).
- **Daniel Schwartz** est professeur au Département d'Histoire juive à l'Université hébraïque de Jérusalem. Il a publié : *Agrippa I : The Last King of Judea* (1990) et *Studies in the Jewish Background of Christianity* (1992). Il prépare actuellement une édition critique du *Second Livre des Macchabées* dont il assurera aussi la traduction.
- **Jean-Marie Sevrin,** spécialiste de l'Évangile selon Jean et des écrits gnostiques coptes, enseigne à la Faculté de théologie et de droit canonique de l'Université catholique de Louvain-la-Neuve. Hormis ses publications concernant les textes de Nag Hamadi,

il a dirigé *The New Testament in Early Christianity*, la réception des écrits néo-testamentaires dans le christianisme primitif (Leuven Universtiy Press, 1989).

- **Guy Gedaliahu Stroumsa,** spécialiste de la Gnose, enseigne à l'Université hébraïque de Jérusalem. Il a publié des textes dans de nombreux ouvrages collectifs et, à titre individuel : *Another Seed : Studies in Gnostic Mythology* (1984), *Savoir et Salut* (Cerf, 1992), *Hidden Wisolom : Esoteric Traditions and the Roots of Christian Mysticism* (1996).
- **Étienne Trocmé,** professeur émérite de l'université des Sciences humaines de Strasbourg, a été président de Strasbourg-II, doyen de la Faculté de théologie protestante et premier vice-président de la conférence des présidents d'université. Il est directeur de la *Revue d'histoire et de philosophie religieuse*, et préside notamment la Société internationale pour l'étude du Nouveau Testament et la Société Ernest-Renan. Parmi ses publications : *La Formation de l'Évangile selon Marc* (PUF, 1963), *Jésus de Nazareth vu par les témoins de sa vie* (Delachaux et Niestlé, 1972), *The Passion as Liturgy* (1983), *L'Enfance du christianisme* (Éditions Noêsis, 1997).
- **Gerd Theissen** est professeur de Nouveau Testament au Séminaire de théologie protestante de l'université de Heidelberg. Spécialiste de la sociologie de la Palestine au Ier siècle, il lui a consacré plusieurs de ses ouvrages. Certains ont été traduits en français : *Le Christianisme de Jésus* (1978), *Histoire sociale du christianisme primitif* (1996) et *L'Ombre du Galiléen, récit historique* (Cerf, 1994). Il vient de faire paraître, avec A. Merz, *Der Historiche Jesus* (1996).
- **Joe Zias,** anthropologue au département des Antiquités israéliennes, où il travaille au musée Rockefeller, a publié de très nombreuses études, notamment sur les ossements du seul crucifié jamais découvert, *The Crucified Man from Giv'at ha Mirta*. Il a aussi travaillé à la question de la crucifixion elle-même, tant sur le plan historique que sur le plan médical (et sur l'histoire de ses représentations).

Repères bibliographiques

- P. Benoît et M.-É. Boismard : *Synopse des quatre Évangiles* (Cerf, 1990)
- Pierre-Antoine Bernheim, *Jacques, frère de Jésus* (Editions Noêsis, 1996)
- Marie-Émile Boismard : *Moïse ou Jésus* (Leuven University Press, 1988)
- S.G.F. Brandon : *Jésus et les zélotes* (Flammarion, 1975)
- Rudolph Bultmann : *Jésus, mythologie et démythologisation* (Le Seuil, 1968)
- Collectif : *Les Évangiles* (Desclée de Brouwer, 1990)
- Oscar Cullmann : *Jésus et les révolutionnaires de son temps* (Delachaux et Niestlé)
- Bernard Dubourg : *L'Invention de Jésus*, tomes 1 et 2 (Gallimard, collection L'Infini, 1987 et 1989)
- Ennio Floris : *Sous le Christ, Jésus* (Flammarion, 1987)
- Paula Fredriksen, *De Jésus aux Christs* (Cerf, 1992)
- Charles Guignebert : *Jésus* (Albin Michel, réédition 1969), *Le Christ* (Albin Michel, réedition 1969)
- Pierre Grelot : *Les Juifs dans l'Évangile selon Jean* (Gabalda, 1995), *L'Espérance juive à l'heure de Jésus* (Desclée, 1996)
- Mireille Hadas-Lebel : *L'Hébreu, trois mille ans d'histoire* (Albin Michel, 1992), *Flavius Josèphe* (Fayard, 1989)
- Tristan Hannaniel : *Les Controverses du christianisme* (Bordas, 1992)
- Helmut Koester et François Bovon : *Genèse de l'écriture chrétienne* (Brépols, 1991)
- Simon Légasse : *Le Procès de Jésus*, tomes 1 et 2 (Cerf, 1994)
- Charles Perrot : *Jésus et l'Histoire* (Desclée, 1993)

◆ *Écrits apocryphes chrétiens* (Gallimard, La Pléiade, 1997)
◆ Michel Quesnel, *L'Histoire des Évangiles* (Cerf, 1987)
◆ Louis Rougier, *La Genèse des dogmes chrétiens* (Albin Michel, 1972)
◆ Graham Stanton, *Parole d'Evangile?* (Cerf, 1997)
◆ Raoul Vaneigem : *La Résistance au christianisme* (Fayard, 1993)
◆ François Vouga, *Les Premiers pas du christianisme* (Labor et Fidès, 1998)
◆ Sous la direction de J.-D. Kaestli et D. Marguerat : *Le Mystère apocryphe* (Labor et Fidès, 1995)

Pour mémoire, nous renvoyons à quelques textes fondamentaux mais disponibles uniquement en bibliothèque :

◆ l'ensemble de l'œuvre d'Alfred Loisy (1856-1940),
◆ Maurice Goguel : *Jésus* et *La Naissance du christianisme*,
◆ Joseph Klausner : *Jésus de Nazareth*,

et les ouvrages des historiens rationalistes comme Prosper Alfaric, P.-L. Couchoud, Georges Ory ou Daniel Massé.

Les citations d'Origène, *Contre Celse* (traduction Marcel Borret),
de Tertullien, *Contre Marcion* (traduction René Braun),
de Méliton de Sardes, *Sur la Pâque* (traduction Marcel Borret),
de *L'Évangile de Pierre* (traduction M.-G. Mara)
proviennent de la collection Sources chrétiennes (Cerf).

L'œuvre de Justin, présentée par Jean-Daniel Dubois, traduite par G. Archambault et L. Pautigny a été publiée par les éditions Migne-Brépols (1994).
Les éditions du Cerf assurent l'édition de Philon d'Alexandrie et en particulier de *Legatio ad Caïum* (traduction André Pelletier) et des *Antiquités juives* de Flavius Josèphe (traduction en cours sous la direction de Étienne Nodet).
La Guerre des Juifs, présentée par Pierre Vidal-Naquet (traduction Pierre Savinel), est publiée par les éditions de Minuit (1977).

Ecrivains et cinéastes, **Gérard Mordillat** et **Jérôme Prieur** ont réalisé ensemble un grand documentaire, *La Véritable Histoire d'Artaud le Momo* (avec Paule Thévenin, Marthe Robert, Henri Thomas, Jacqueline Adamov et Henri Pichette), puis écrit pour le cinéma l'adaptation du journal de Jacques Prevel, *En compagnie d'Antonin Artaud*, réalisé par Gérard Mordillat – avec Sami Frey, Marc Barbé, Julie Jézéquel, Charlotte Valandrey et Valérie Jeannet.

Au terme de ces deux films, Gérard Mordillat et Jérôme Prieur ont assumé la nouvelle édition commentée de l'œuvre de Jacques Prevel, *En compagnie d'Antonin Artaud* suivi de *Poèmes* (Flammarion).

Ce travail de référence sur Antonin Artaud a été récompensé par le prix de l'Académie Charles-Cros, le prix Max-Pol-Fouchet de la Société des gens de lettres et le Prix spécial de la Société des auteurs et compositeurs dramatiques. Enfin, ils ont reçu la médaille Yedi-Frends pour leurs recherches.

Mille et une nuits propose des chefs-d'œuvre pour le temps d'une attente, d'un voyage, d'une insomnie…

15 mars 98

LES PREMIERS LIVRES EN EURO

Nouveautés

n° 196 Bossuet, *Sermon sur l'ambition* ; 1 euro/6,50 F
n° 197 Maïakovski, *Le Nuage en pantalon* ; 1,50 euro/10 F
n° 198 Karl Kraus, *Aphorismes* ; 2 euro/13 F
n° 199 *Genèse* ; 2,50 euro/16F50
n° 201 Cyrano de Bergerac, *L'Autre Monde* ; 3 euro/19,50 F
n° 202 Proust, *Les Plaisirs et les Jours* ; 3,50 euro/23 F

Réimpression

n° 9 Miguel de Cervantes, *L'Amant généreux* ; 1,5 euro/10 F
n° 18 Sénèque, *Sur la brièveté de la vie* ; 1 euro/6,50 F
n° 31 Prosper Mérimée, *Carmen* ; 2 euro/13 F
n° 53 Pascal, *Discours sur les passions de l'amour* ; 1 euro/6,50 F
n° 59 Sade, *Français, encore un effort si vous voulez être républicains* ; 1,5 euro/10 F
n° 98 Spinoza, *Traité de la réforme de l'entendement* ; 2 euro/13 F

Déjà parus chez Arte Éditions/Éditions Mille et une nuits

***Corpus Christi*, l'intégrale**
Un coffret de 6 volumes :
Crucifixion, Procès, Roi des Juifs, Pâque, Résurrection, Christos

85. Elie Wiesel/Jorge Semprun, *Se taire est impossible.*
110. Jacques Berque/Jean Sur, *Les Arabes, l'islam et nous.*
129. Pierre Legendre, *La Fabrique de l'homme occidental.*
143. Dominique Méda/Juliet Schor, *Travail, une révolution à venir.*
157. Edgar Morin/Christoph Wulf, *Planète : l'aventure inconnue.*
170. Jacques Testart/Jens Reich, *Pour une éthique planétaire.*
183. Claude Lanzmann, *Un vivant qui passe*

Hors collection

Collectif, *L'@mour est à réinventer.*
Collectif, *Cannes, les années Festival Cinquante ans de cinéma (coffret, 50 vol.).*
Claire Alby/Alfred Caron, *Passion Callas*

Pour chaque titre, le texte intégral, une postface, la vie de l'auteur et une bibliographie.

Achevé d'imprimer en mars 1998,
sur papier recyclé Ricarta-Pigna par G. Canale & C. SpA (Turin, Italie)